Milton Keynes UK
Ingram Content Group UK Ltd.
UKHW010225170224
437973UK00006B/400

9 781648 114649